BEI GRIN MACHT SICH IHR WISSEN BEZAHLT

- Wir veröffentlichen Ihre Hausarbeit, Bachelor- und Masterarbeit

- Ihr eigenes eBook und Buch - weltweit in allen wichtigen Shops

- Verdienen Sie an jedem Verkauf

Jetzt bei www.GRIN.com hochladen und kostenlos publizieren

Erwin Leibfried

Der Partnerwechsel-Diskurs. Liebe oder Ehe. Serielle Partnerschaften oder Familie.

Eine anthropologische Analyse

GRIN Verlag

Bibliografische Information der Deutschen Nationalbibliothek:

Die Deutsche Bibliothek verzeichnet diese Publikation in der Deutschen National-
bibliografie; detaillierte bibliografische Daten sind im Internet über http://dnb.d-
nb.de/ abrufbar.

Impressum:

Copyright © 2012 GRIN Verlag GmbH
Druck und Bindung: Books on Demand GmbH, Norderstedt Germany
ISBN: 978-3-656-31661-9

Dieses Buch bei GRIN:

http://www.grin.com/de/e-book/200464/der-partnerwechsel-diskurs-liebe-oder-ehe-
serielle-partnerschaften-oder

GRIN - Your knowledge has value

Der GRIN Verlag publiziert seit 1998 wissenschaftliche Arbeiten von Studenten, Hochschullehrern und anderen Akademikern als eBook und gedrucktes Buch. Die Verlagswebsite www.grin.com ist die ideale Plattform zur Veröffentlichung von Hausarbeiten, Abschlussarbeiten, wissenschaftlichen Aufsätzen, Dissertationen und Fachbüchern.

Besuchen Sie uns im Internet:

http://www.grin.com/

http://www.facebook.com/grincom

http://www.twitter.com/grin_com

Erwin Leibfried*

Der Partnerwechsel-Diskurs. Liebe oder Ehe.
Serielle Partnerschaften oder Familie. Eine anthropologische Analyse

Kritik der herrschenden Un-Vernunft 1

Re-Vision lebensweltlicher, kultureller und wissenschaftlicher Rituale

* vgl. wikipedia

Inhalt

Vorbemerkung

Gegenwärtig tummelt sich ein buntes Völkchen im öffentlichen Raum; schrill, phonetisch und semantisch, ist eine Qualität der Lebenswelt. Beispiele zu nennen ist kaum möglich, da alles im verrückten Ganzen ver-rückt ist.

Da wird mit Lärm ein Superstar gesucht, dort wird ein Bundespräsident scheinheilig betroffen und mit klammheimlicher Freude gejagt und gehetzt, so als sei noch Herbst und eine Hubertusjagd finde statt. Gibt der genervt und am Ende seiner Kräfte auf, wird der designierte Nachfolger einer medialen Inquisition unterzogen. Beleuchter haben Konjunktur, die dunkle Stellen erhellen wollen. Aber bekanntlich sind auch die Jahreszeiten schon aus dem Konzept gelaufen. Da wird in der Einkaufsmeile in Gießen eine Sprungschanze aufgebaut am verkaufsoffenen Sonntag bei gut 10 Grad plus, die Kerlchen springen dann grad mal 2,50 m. Lächerlich. Aber der Schnee wurde, Umweltkosten uninteressant, herangekarrt. Wenn es der Umsatzsteigerung dient … [ein leicht verändertes Zitat]
Das Volk fordert wie im Alten Rom Unterhaltung; damals panem et circenses, Brot und Spiele, heute mindestens Harz IV und RTL; eine mediale Meute, selbst in einem harten Konkurrenzclinch liegend, an die eigene Subsistenzsicherung denkend, die Abo-Zahlen müssen stimmen, sucht, präsentiert, inszeniert events. Fällt in den Anden ein Bus in den Abgrund mit 30 Toten, reicht das für die *Tagesschau*. Die verweist dann auf weitere Einzelheiten im Internet unter tagesschau.de. Ja, Gott, merkt Ihr nicht mehr, wie besoffen Ihr seid? Wo bleibt in diesem Lärm noch Zeit, den Rosenkranz zu beten ☺? Aber, Ihr Schreiberlinge, Ihr lebt davon. Eben, am 18. Januar 2012, wird im hessischen Fernsehen um 21.45 in der Sendung *Meinungsmacher* zaghaft darauf hingewiesen: dass in der Wulff-Affäre übelste Seilschaftspraktiken, Konkurrenzmechanismen am Werkeln waren.
[Der vorstehende Absatz garantiert, dass diese Publikation unbeachtet bleiben wird.]

Diese Zustände kennzeichnen heute die Alltagswelt; für der Welt der Wissenschaft gilt: hier geht es genauso zu. Es besteht eine kaum verblüffende Strukturhomologie.

Die hier versammelten Kapitel liefern eine **kritische Re-Vision kultureller Rituale und Muster** unserer Zeit, teils anhand der Besprechung einzelner Bücher, in denen sich diese Erscheinungen konzentriert sedimentieren.

Die gender studies dürfen noch immer als die avantgardistische Ideologie in den Kultur-, den Humanwissenschaften angesehen werden. Die, auch so genannten Geisteswissenschaften, haben viele Beerdigungen überlebt: alle marxistischen Varianten sind vom wissenschaftlichen Tanzboden weg und halten sich nur noch in esoterischen, wenig lernfähigen Hardliner-Zirkeln. Hierher gehört besonders die kryptomarxistische Kritische Theorie der Frankfurter Schule [Adorno u.a.]; die Dekonstruktion [Derrida] ist zur Lachnummer geworden [vgl. dazu unten], die Dislurstheorie Foucaults gilt nach der glänzenden, fundiert-soliden, vernichtenden Kritik durch Hans Ulrich Wehler[1] nur noch in Fangemeinden als Geheimtipp. Ebenso geht es der Luhmannschen Systemtheorie, die nur noch dort Akzeptanz findet, wo **dogmatisch borniertе Engführungen**, die doch noch im Bewusstsein der universalen Gültigkeit ihrer Ansätze leben, mutig beschritten werden.

---

[1] Hans-Ulrich Wehler, Die Herausforderung der Kulturgeschichte, München 1998

Die vorliegende Arbeit schickt einige Methoden und Theorien wenn nicht in den Orkus des Vergessens, dann doch in die Revisionsabteilung. Hierzu gehören die genannten gender studies, die spätfeministische Sprachfolklore, sog. hermeneutische Verfahren, die Evolutionstheorie, die Anthropologie der patchwork-Familie, der Partnerwechsel-Diskurs, der Multikulturalismus, der Holocaust-Diskurs, der Atheismus-Diskurs, die Islam-Debatte. Sie alle werden fundiert kritisiert und in ihre Schranken gewiesen.

Am ehesten finde ich meine Ideen vertreten von dem Nobelpreisträger Mario Vargas Llosa in seinem neuen Buch *La Civilisación del Espectáculo*, Madrid, 2012. Jetzt deutsch: Alles Boulevard. Wer seine Kultur verliert, verliert sich selbst, Berlin 2012

Der Partnerwechsel-Diskurs. Liebe oder Ehe. Serielle Partnerschaften oder Familie. Eine anthropologische Analyse

Vorab: Der Ausdruck: Patchwork-Familie, muss als verdeckende Beschreibung für gescheiterte Beziehungen verstanden werden.

Die Journalistin Melanie Mühl hat überzeugend aufgedeckt[2], dass hier die mainstream-medien-meinungs-mafia am Werkeln ist. Durchgehend wird in den Medien die sog. Patchwork family als Maß und Muster hingestellt, positiv gewertet. Eins-zwei gescheiterte Beziehungen, jeweils mit Kindern, eine weitere Beziehung, der Partner bringt ein Kind mit, ein gemeinsames Kind folgt etc. Der aus dem Amt getriebene katholische Bundespräsident gab die Norm vor.

Der Verlag schreibt: *Melanie Mühl sieht in Patchwork-Familien das Resultat einer weit verbreiteten Lebenshaltung, die Festlegungen scheut. Doch können wir auf Verlässlichkeit so einfach verzichten? Wollen wir in einer Gesellschaft leben, in der Vertrauen regelmäßig enttäuscht wird?*

Man darf sagen: die Maßstäbe der Rating-Agenturen haben sich geändert, wir [wer ist wir?] sehen das im Moment nicht mehr alteuropäisch.

Allerdings gilt: sie dreht sich, die Erde und mit ihr die geltenden Maximen; man darf annehmen, dass - wie beim Kirmes-Karussell - der weiße Elephant bald wiederkommt. Wir werden eine Zeit erleben, in der die dauernde Partnerschaft wieder stärker gilt.

Die sog. patchwork family

Die amerikanische Psychologieprofessorin Anne C. Bernstein hatte schon 1990 ein Buch veröffentlicht: *Die Patchwork-Familie. Wenn Väter oder Mütter in neuen Ehen weitere Kinder bekommen* und darin die Sache recht positiv beleuchtet: sie meint, die Patchwork-Familie werde unvermeidbar zur Standardform von Familie in der Zukunft und sie sieht ein Familienleben, das von deinen, meinen, unseren Kindern bereichert wird. Auf denn!

Am Anfang ist die Liebe; sie kann als eine Erfindung der Evolution behauptet werden, um die Produktion von Nachwuchs zu erleichtern. Verliebte, sich Liebende neigen zu meist nächtlichen Taten, sog. Sünden der Nacht, die Folgen haben. Kinder. Die Ehe ist eine moralingesteuerte Institution, die Nachhaltigkeit sichert, nämlich in der Aufzucht der Sündenfolgen. So wie – nach Nietzsche - die Sklaven die Moral erfunden haben, so erfinden die Kinder die Ehe: als Höhle, als Schutz, als Raum, in dem sie wachsen können. Kinder wollen, dass ihre Eltern nicht streiten und zusammenbleiben. Sobald sie flügge sind, verlassen sie aber Vater und Mutter, schamlos und undankbar☺. Vorher sind sie betroffen, wenn ein Elternteil sie verlässt, um eine neue Beziehung einzugehen.

Hier hilft auch Bildung, d.h. ein Blick in die antike Mythologie. Da gibt es die Göttin Hera, die den Herd schützt, die Familie; sie ist die Gattin des immer fremdgehenden Zeus, der sie laufend, wie man sagt, betrügt. Zeus ist allein von der Liebe bestimmt, von der Göttin Aphrodite, denn die ist für die heiße Liebe zuständig. Hera wütet zwar immer, wenn der Gatte aushäusig ist, sie versucht, spielverderbend, die Rendezvous zu verhindern – Zeus aber empfindet eigentlich keine Schuld. Er folgt einem göttlichen Prinzip, der Liebe: sie steht über der Moral. Erst das Christentum hat das schlechte Gewissen in die Welt gebracht und die Ehe hochgehalten und den Ehebruch als Sünde bestimmt. Die antike Phantasie hat - vorchristlich - die Sache anders erlebt, in Bildern die anthropologischen Daten so sortiert: es gibt die sinnliche Liebe, zwei sind aufeinander abgefahren, ineinander verknallt, verliebt usw. Sprachen können diesen elementaren Sachverhalt verschieden

---

[2] Melanie Mühl, Die Patchwork-Lüge. Eine Streitschrift, 2011 im Hanser Verlag

formulieren. Die Dichtung hat ihn immer wieder in großen Poesien gestaltet; man darf an Tristan und Isolde denken, die so aufeinander abgefahren sind, dass ihre Liebe sie quasi zu einem Wesen macht. Man darf an Anna Karenina denken, die der lahmen Ehe mit Karenin entflieht und dem attraktiven Grafen Wronski nicht widerstehen kann. Allerdings wird sie zerbrechen, sie hält die Flucht aus der Verantwortung nicht aus, sie kann den Verlust ihrer Tochter nicht ertragen. Jedenfalls: vor einer patchwork-Familien-Situation liegt diese Konstellation: eine neue Liebe verdrängt die alte. Das ist auch evolutionsstabilisiert; denn dieses Ding da, Evolution, ist sehr dafür, dass gerade der dazu noch fähige Mann weiter Kinder in die Welt setzt. Für das denkende Bewusstsein entsteht hier diese Frage: muss, was die Evolution will, durch sittliche Anstrengung geändert werden, geht es – wie im 18. Jahrhundert – um „die Bändigung der wilden Seele"?

Althirnbestände aus einer vormenschlichen Vergangenheit

Anzunehmen ist, dass Männer mehr weglaufen und treuebrechend sich verhalten als Frauen. Statistiken sollten das belegen, das Denken selbst stört sich aber nicht an solchen Veranstaltungen wie Statistiken, die immer fehlerhaft sein können. Es geht nämlich so: beim Mann spielen Althirnbestände aus seiner vormenschlichen, tierischen Vergangenheit mit. Der Mann ist genetisch ein Gockel, der mehrere Hennen verkraften kann. Der Mann muss, durch christliche Moral, zivilisiert, kultiviert, moralisiert werden. Von ihm wird eine besondere mentale Anstrengung verlangt, wenn er im Konzert der Kultivierten mitspielen will. Allerdings gibt es moderne Vaianten der Evolution: der Mann wird nicht mehr durch Moral frisiert, sondern durch das leben selbst impotent. Der Job stresst ihn in die Inaktivität.
Frauen indes sind evolutionär trainiert auf Zurückhaltung, deshalb müssen sie gemeinhin verführt werden. Schwangerschaft und Geburt sind gefährlich und die Aufzucht der Brut ist mühselig. So haben, ganz evolutionstheoretisch, jene Frauen überlebt, die sexuell zurückhaltend waren. Sie haben ihre Gene weitergegeben. Nymphomane Männergeile sind Irrläufer der Evolution, das gibt es immer wieder, durch Mutation.
Diese Daten, die zur Stammesgeschichte der Menschen gehören, bewirken ein unterschiedliches Sexualverhalten von Mann und Frau. Gebildete, Erfahrene wussten das schon immer.
Analytisch gesehen darf man eine Konfliktkonstellation diagnostizieren: auf der einen Seite die Pflicht, das Verbrechen der Treue [Gott, ich lese und erstarre, ich habe mich tatsächlich vertippt und es zunächst nicht bemerkt, es muss natürlich heißen: das Versprechen]. Die Ehe also, auch als eine Institution - wenn die Kinder weg sind – der wechselseitigen Hilfe und Pflege. Dann die Neigung, die neue Liebe, die eine Himmelsmacht ist – wie die Operette weiß: die Liebe, die Liebe ist eine Himmelsmacht! Die antike Mentalität hat die Problemlage evolutionsnäher als das Christentum stabilisiert, nicht mit dem Ketchup der Moral begossen. Wehe, wer vom Pfeil des Eros getroffen wird, vom Gift des Amor. Liebe ist für die Alten, für die Dichter ein elementarer Affekt, der durch Moral, durch Verantwortung nur schwer zu kontrollieren ist. In *Tristan und Isolde* hat die poetische Phantasie den Liebestrank erfunden: wenn zwei ihn trinken, fahren sie so aufeinander ab, dass sie zum siamesischen Zwilling werden. Modern formuliert ist der Liebestrank, der es immerhin bis in die Oper geschafft hat, eine genetisch-hormonelle Struktur. Goethe hat sich immer wieder, frisch wie der Phoenix, der aus der Asche zu neuem Leben auffliegt, verliebt. Er hat aber nie seine jahrzehntelange Freundin und spätere Frau Christiane betrogen – aber er hat gelitten, sehr. Sein einziger Trost war die Dichtung, er hatte das Glück, dass ein Gott ihm sagte, wie er leidet. Wenn der Mensch in seinem Schmerz verstummt, dann begann der Frankfurter zu dichten. Am schönsten im verbotenen *Tagebuch* – einem herrlichen Stanzengedicht, das Goethe selbst nie veröffentlichte, weil es zu gefährlich war[3]. Institutionen wie die katholische Kirche halten kinderfreundlich an der Pflicht fest, an der Unauflösbarkeit der Ehe: bis dass der Tod Euch scheidet. Sie können für das Leben nach dem Tod das Glück versprechen. Postmoderne Mentalitäten, für die Verantwortung, Treue u.a. keine erste Priorität haben, plädieren für die Lust der neuen Beziehung, für die Neigung. Das Leben ist einmalig, danach

---

[3] vgl. Erwin Leibfried, Goethe. Ein Komet am Himmel der Jahrhunderte, Band 4, S. 108ff. als ebook bei amazon

ist Schluss, also jetzt gilt's. H.Heine hat die road map hierzu gedichtet: *wir wollen hier auf Erden schon das Himmelreich errichten.*
[Pflicht und Neigung war um 1800 oft Thema von Talkshows, total ín, heute ist das out.]

Alte Liebe – Neue Liebe

Einer der größten Kenner dieses Feldes *Liebe* war der Frankfurter Romantiker Clemens Brentano. In seinem sonst recht verworrenen Lustspiel *Ponce de Leon* – aber wo ist die Bildung, die dieses Stück noch kennt? – lässt er singen:

O süßer Liebesschmerz!
Du tötest wie Sirene mit Gesang,
Erquickst und brichst mein Herz –
Und machst mit süßer Lust mir angst und bang.
Dein Ringen, Umschlingen, Umfassen,
Dein Drücken, Entzücken, Erblassen
Soll, wird je mein Herzelein flott,
Mich nimmer berücken, umstricken, bei Gott! –
[Genießen Sie die Melodie, die dollen Binenreime!]
Und:
Mein Schatz ist ausgeblieben,
Ich bin so ganz allein.
Im Lieben wohnt Betrüben,
Und kann nicht anders sein.

Diese Erkenntnis ist ein Grundbestand der abendländischen Dichtung; Herz und Schmerz reimen sich im Deutschen, das *Nibelungenlied* z.B. zeigt, *wie liebe mit leide ze jungist lonen kan* [wie Liebe mit Leid zuletzt abrechnet].
Und noch mal die arme Valeria bei Brentano in *Ponce de Leon*, die von ebendiesem Titelhelden verlassen wird:

Wenn die Sonne weggegangen,
Kömmt die Dunkelheit heran,
Abendrot hat goldne Wangen,
Und die Nacht hat Trauer an.

Seit die Liebe weggegangen,
Bin ich nun ein Mohrenkind[4],
Und die roten, frohen Wangen
Dunkel und verloren sind.

Dunkelheit muß tief verschweigen
Alles Wehe, alle Lust,
Aber Mond und Sterne zeigen,
Was ihr wohnet in der Brust.

Wenn die Lippen dir verschweigen
Meines Herzens stille Glut,

---

[4] Mohr von Maure war im 18. Jahrhundert weit verbreitet, es folgte Neger von lat. niger, schwarz. Weil wir latein nur schlecht verstehen, haben wir übersetzt: Schwarze.

Müssen Blick und Tränen zeigen,
Wie die Liebe nimmer ruht. [Wahnsinn, ohgott Brentano!]

Und immer noch weiter:

Ponce.
So sei es dann –
[Er nimmt die Laute.]
Hier, wo neue Liebe mich gefangen,
Der ich nimmer, nimmermehr entgehe,
Denk ich gerne deiner, die vergangen,
Süße Liebe voller Lust und Wehe!

Der Macho Ponce, das ist Brentano selbst, nimmt sich das Recht, die Geliebte wegzuschicken. Eine Neue ist da. Valeria gibt ihn frei.

Valeria.
Zürnet seiner nicht, ihr roten Lippen,
Wollet Trost aus andern Küssen saugen,
Denn er scheiterte an fremden Klippen,
Wendet nimmer heimwärts seine Augen.
Ponce.
Wenn das Leben nicht hinaus mich triebe,
Nicht nach Ferne Sehnsucht mich verzehrte,
Blieb ich dir, du Heimat meiner Liebe,
Die mich scherzen, tändeln, küssen lehrte.
[Er küßt sie].
Valeria.
So sei dann feierlich entbunden;
Wie dieses Kusses Feuer leicht verglühet,
So schließen sich der frühen Liebe Wunden
Und neue, schönre Liebe bald erblühet.

Das, was Brentano hier hineingelegt hat, ist von einer Aktualität, die brennt, es kann nur durch ein gaaaanz ganz langes Nachdenken annähernd ausgeschöpft werden.

Zur Vertiefung dieses Problemackers ist eine weitere anthropologische Dimension zu beachten, die gemeinhin von der mainstream-medien-meinungs-mafia verdeckt wird. Menschen sind nicht gleich; es gibt davon verschiedene Sorten. Hier heißt das einfach: es gibt Menschen, die sich für die Pflicht entscheiden – et pereat mundus [und wenn dabei auch alles zum Teufel geht] -, die - genetisch - zu einer trennenden Scheidung nicht fähig sind. Und es gibt solche, die da keine Probleme haben und Trennung an Scheidung und Scheidung an Trennung reihen, seriell. Beispiele liefern Künstler und besonders auch deutsche Politiker.

Dixi

Für alle, die es noch nicht verstanden haben, weil zuviel Lyrik war, zuviel Bildung, die Koppweh macht:
Am Anfang aller Patchwork- Familien, steht die ganz große, heiße Liebe, die Phase des Verliebtseins, der Partner isses; und **der** Partner isses. Hierher gehören dann auch Trennungsschmerz, Liebeskummer, Eifersucht und, ja, Immunität: wer wirklich liebt, verliebt ist, kann nicht fremd gehen. Deutschlands größter Dichter, Goethe, hat das in einem langen, langen Gedicht, das er selbst nie zu

veröffentlichen wagte und das in kaum einer Ausgabe seiner Werke steht, glänzend belegt [vgl. Erwin Leibfried Goethe Ein Komet am Himmel der Jahrhunderte, als e-book bei amazon] Aber: immer in Bewegung ist der Himmelsbogen, dichtet der Dichter, hier heißt das: Liebe ist eine Verlaufsfigur. Sie ist gekommen, vielleicht prima vista, sie hat zugeschlagen; aber sie geht auch, sie schleicht sich davon. Irgendwann wird einer wach und merkt: das war`s, ich bin nicht mehr verliebt. Irgendwann kracht es im Gebälk, es verschiebt sich etwas, es wird langweilig, Frigidität, das geht klamm, das geht heimlich. Man und frau driften auseinander. Diese Vorgänge sind Erste Natur, biologisch, mental-somatisches gibt unter den Namen Beate Uhse und Orion Institutionen der Zweiten Natur, die hier gegensteuern und das erotisch-sexuelle Feuer durch technische Mittelchen – besonders Klamotten – am Brennen halten wollen.

In vielen Partnerschaften gelingt dann eine Transformation: aus der heißen Phase des Verliebtseins wird eine ruhigere Konstellation, die Liebe. Kinder sind da, die gewaltig das Verliebtsein stören, Gewohnheit hat den Reiz des Events weggewischt, aber es gibt eine positive Einstellung zur Realität. Viele Paare sind dazu begnadet, genetisch formiert, diese Situation auszuhalten, auch jetzt in dieser neuen, anderen Stimmungslage - soweit das menschlich möglich ist - glücklich zu sein.

Evolutionär normal sind Kinderwünsche [die oft gesellschaftlich unterdrückt nicht zum Zuge kommen], ein gemeinsames Leben, man plant ein Haus, freut sich auf den Skiurlaub, usw, streitet sich.

In diese Situation gelingenden Lebens in der Normalität kann *plötzlich* [das Wort exaiphnēs, plötzlich, spielt in der Philosophie des Philosophen Platon eine große Rolle] freilich lange vorbereitet, ein Pfeil Armors treffen: ein mythisches Bild, etwa neben dem Liebestrank, für eine neue Liebe. Die alte Liebe zeigt Spuren der Abnutzung, Materialermüdung, die neue verspricht Verjüngung, einen Frühling des frischen Anfangs.

In dieser Situation, dass ein Partner mental aussteigt, bis hin dazu, dass Liebe zu Hass werden kann [vgl. Cramer against Cramer] sind die Muster des Verhaltens genetisch präformiert: es gibt die Zögerlichen, die Entscheidungsschwachen, die Cunctatoren, die schon durch die Antike laufen, die nicht wagen, zum Neuen voll ja zu sagen, die dulden, die leiden, die weitermachen, sich einrichten. Und es gibt die, die auf dem Koffer sitzen und reisebereit sind; sie durchschneiden den angenagten Faden der Verbindung und steigen aus, fangen neu an, meinend, nun mehr das finale Glück beim neuen Partner gefunden zu haben. Wobei aus dem final leicht ein letal werden kann. Wie immer, es bleiben, besonders beim zweiten Verhaltensmuster, Ruinen zurück. Das Leben belegt, was die Dichtung seit tausend Jahren weiß, *wie liebe mit leide ze jungist lônen kann* [letzter Vers des *Nibelungenlieds*: wie Liebe mit Leid am Ende abrechnet].

***

Um die patrchwork-Familie zu verstehen, muss man zwei Romane kennen: die *Wahlverwandtschaften* von Goethe und *Anna Karenina* von Tolstoi. In beiden bricht die Liebe, eine neue Liebe, in eine bestehende gesellschaftlich institutionalisierte Ehe ein: also ein Partner steigt aus der Ehe aus, verliebt, voll abgefahren auf eine neue Person. Wobei Goethe, der Schuft, der keine Tragödien schreiben wollte, es so macht, dass auch die Übrigbleibenden sich ineinander verlieben.

Man kann nun ein Quiz machen: wie lösen die beiden Nobelpreisträger, diese Megastarerzähler Goethe und Tolstoi, die – verfahrene – Situation? Zur Komplizierung der Stimmungslage bauen beide ein Kind ein und spielen mit der so gesteigerten Lage. Anna Karenina verzweifelt daran, ihr Kind nicht mehr sehen zu können, Ottilie, die vom Ehemann Eduard Geliebte, trägt gar am Tod des ehelichen Kindes schuld. Geben die Dichter, als Poeten in die Liebe verliebt, dem neuen megastarken Gefühl Raum? Lassen sie die Liebe leben? Die Antwort ist klar, eindeutig, was bei Dichtern nicht immer der Fall ist. Ja, sie lassen die neue Liebe leben, aber die Liebenden sterben. Sie geht in tragischer Verstrickung unter, aber es ist mehr das Schicksal als das eigene Tun der Individuen. Sie werden hinter ihrem Rücken von einem Gott zu Fall gebracht. Stärker als Amor, dessen Gift abgebaut wird, sind andere, rächende Götter.

Treu oder untreu – das ist heut die Frage

Ein Blick auf die permissive[5] Moral der Moderne

Venus, eine schöne und gefällige Dame,
war die Göttin der Liebe;
Juno, ein abscheulicher Drache,
war die Göttin der Ehe;
und die beiden sind stets Todfeindinnen gewesen.
Jonathan Swift, 1667-1745

Der ehemals Gießener Philosoph Franz Josef Wetz plädiert in seinem neuen Buch *Lob der Untreue*, 2011 für ein Recht auf Seitensprünge. Feste Partnerschaften werden monoton, langweilig, das Verliebtsein ist eine Verlaufsfigur und schwindet, der Seitensprung – als eine der bekannten Sprungarten: Weitsprung, Hochsprung, Dreisprung usw. – mischt das Körper- und Seelenleben frisch auf.

Ehefrau vs. Geliebte

Wetz, und keiner auf der Welt schreibt so gewitzt wie er, geht von einer Diagnose aus, die der Aufklärer Lessing, selbst in Liebesdingen schlimm geprügelt, stellte. In seinem bürgerlichen Trauerspiel von der armen Miss Sara Sampson versichert deren Verführer Mellefont, der nach außen den perfekten Ehegatten markieren will: *Sara Sampson, meine Geliebte! Wie viel Seligkeiten liegen in diesen Worten! Sara Sampson, meine Ehegattin! – Die Hälfte dieser Seligkeiten ist verschwunden! und die andre Hälfte – wird verschwinden* [IV,2]. Es gibt verschiedene Fassungen dieses Sachverhalts, auch so, als Männerstammtischspreche: *wenn die Frauen verblühen, verduften die Männer.* Wetz beobachtet *die üblicherweise flüchtige Intensität grandioser Leidenschaften* [7, Seitenzahl, die auf Wetz verweisen]. Er träumt davon, *die Glücksgefühle des Augenblicks außerhalb der Routinen von Ehe, Familie, Beruf in eine große Sinnerzählung verwandeln zu dürfen.* So gelänge es dann, *einen uralten Menschheitstraum endlich zu erfüllen, ekstatische Erregung mit einer stabilen Partnerschaft zu versöhnen.* Aber, das ist für ihn nicht mal als Ausnahme möglich. *Gefühle kommen und gehen. Der allmähliche Verlust romantischer Verliebtheit ineinander und leidenschaftlicher Empfindungen füreinander lasst sich nicht aufhalten. Das Leben enttäuscht regelmäßig unser Verlangen nach gutem Sex, ewiger Liebe und einer glücklichen Partnerschaft. Längerfristige Beziehungen* müssen auf *gegenseitiger Achtung aufbauen* und *Freiraum für getrennte Wege lassen* [8]. Und, auf philosophischer Höhe: *Jede noch so große Leidenschaft birgt das Gähnen künftiger Langeweile in sich, jede Lust künftigen Überdruss. Das ist das Schicksal alles Menschlichen* [76].

Seitensprung

Der Seitensprung soll das verhindern, power in die lendenlahme Bettgymnastik der Verheirateten, der Lebenszeitpartner bringen. Er ist quasi ein Teil des beratend verordneten Ehe- [Paar-] Rettungsprogramms. Der moderne Paartherapeut sagt: Gehen Sie fremd, tanken Sie draußen frisch auf; gehen Sie fremd und fördern Sie so ihre seelische Gesundheit! Wehe

---

[5] alles erlaubende

aber, Du gehst nicht fremd! Dann fällt Dein Rating schlecht aus! Ein weitergehender Schritt in die politische Praxis wäre, den Seitensprung auf Rezept, auf Krankenschein zu verordnen, er heilt, was kaputt ist, die Beziehungen, auch homosexueller Paare. Man darf gespannt sein, wann ins Parteiprogramm der CSU diese moderne Forderung übernommen wird☺.

Man darf das vorab sagen: Wetz gerät bei der Erläuterung dieses Programms in devil's kitchen, seine hessischen Heimatgäule gehen ihm durch, Lateiner mögen gar ausrufen: si tacuisses [oh, dass du geschwiegen hättest].

Dabei gilt: Franz Josef Wetz ist ein Champion der Philosophie. Er hat eine universitäre Star-Karriere absolviert, nicht im Lift, in einer Rakete. Er gehört nicht zu den grauen Mäusen dieser Disziplin, die das, was sie sagen und schreiben, selbst nicht verstehen, weil sie sich in ausziselierten Irrgärten verlaufen. Wetz hat es geschafft, auf dem gegenwärtigen turboglobokapitalistischen Massenmedien-Meinungsmarkt aufzutanzen und zum Glamour Boy der intellektuellen Scene zu werden. Er ist ein Kaiser Franz Josef.
Wetz ist für Überraschungen gut, so wenn er die abwegigen Skelette und Muskeln von sog. Körperwelten als Kunstwerke durchwinkt, die viel zu denken veranlassen, wie Kant sagt. Hier gilt Heinrich von Kleist: Verwirrung der Gefühle. Höchste Intelligenz verhindert nicht Ausrutscher. Ein Beispiel ist Mozart mit seinen Bäsle-Briefen [obszöne Briefe an eine Verwandte].
Nunmehr gibt er mit einer Lesung ein Gastspiel in seiner heimatlichen Provinz, den standortgeschädigten Wetterau- und Vogelsbergbauern zeigend, wo es heute modern und urban langgeht; er stimmt ein *Lob der Untreue* an und geißelt *erotischen Analphabetismus*. Das scheint das, was der moderne Mensch meint hören zu wollen. Jedenfalls die moderne mainstream-Medien-Meinungs-Mafia hat er da auf seiner Seite, auf einer Seite [die ein Sumpfgebiet ist. Aber über Feuchtgebiete zu schreiben ist heute auch ín]. Ob aber auch die Richtigkeit auf dieser Seite ist? Über Wahrheit wagt man sowieso in dieser werteverwirrten Welt nicht mehr zu reden.
Zunächst gilt leider hier für diesen Artikel, die Bemerkung des großen französischen Mathematikers Fermat, der Platz reiche nicht aus, um die richtige Position substantiell zu belegen, das Ganze ganz auszuleuchten. Einige Stichworte müssen genügen. Ich kann hier nur einige Linien verstärken, einige Kontrapunkte setzen.

Der Neander aus dem Tal, der alte Adam

Der Seitenspringer ist ein Neander aus dem Tal, d.h. wer heute seinen Partner verlässt, verwirklicht älteste Verhaltensmuster des Menschen, er ist der alte Adam, von dem Goethe spricht. Wetz, der alles weiß, weiß auch das: *Tatsächlich haben wir von unseren Vorfahren eine starke Sexualität geerbt, die sich nur teilweise ethischen, rechtlichen und religiösen Regeln unterordnet.* Dies *unser natürliches Erbe wird kulturell überformt* [106f.][6].
Der Goethesche Alte Adam funktioniert nach archaischen Synapsen in seinem Althirnstamm, die noch aus unserer tierischen [prähominiden, vormenschlichen] Vergangenheit stammen. Sie erfordern eine Bändigung der wilden Seele [so sagt es das 18. Jahrhundert]. Evolutionär ist Fremdgehen bekanntlich erwünscht, es mischt die Gene, stärkt die Gattung, verhindert inzestuöse Rückbildungen. Somatische Fremdgeherei – unser *biologisches Erbe* [90] - ist auf sexuelle Lust erpicht, sie braucht keine Liebe. Das ist die Erste, körperliche Natur des Menschen. Es gibt aber eine mentale, seelische Dimension, die - und diese Vermutung ist

---

[6] Dazu führe ich im Kapitel Erste und Zweite Natur Näheres aus in meiner Schrift: Feministische Verirrungen. Verwirrungen. Eine Klarstellung. Alice Schwarzer zum 70. Geburtstag freundlich zugeeignet ☺, als ebook im Netz.

stark, auch wenn der sog. gegenwärtige Stand der Neuro-Forschung gern versucht, uns vom Gegenteil zu überzeugen - die nicht der Evolution unterliegt. Der Mensch ist seit wir ihn kennen, so wie er heute ist, weithin, jedenfalls als Mann ein Schwein, das zumindest Steuer hinterzieht. Die seelische, moralische Evolution, die Bildung des Menschengeschlechts wie die Aufklärer sagten, ist ein Langzeitprojekt, dessen Realisierung noch nicht abzusehen ist. Die conditio humana hat sich nicht wesentlich geändert. Hier in dieser mentalen Dimension ist Liebe, Tiere lieben nicht.

Literatur als Arsenal[7] von Liebeserfahrungen

Was das Themenfeld Liebe angeht, so ist zunächst die Literatur als maßgebende Rating-Agentur zu befragen. *Tristan und Isolde, Die Wahlverwandtschaften, Anna Karenina* usw. ohne Ende. Wetz kennt alles, was je weltweit geschrieben wurde. Aber er kennt nicht, darauf wette ich eine Flasche Veuve Cliquot, den Oblomov, einen der ganz großen russischen Romane[8]. Dort sagt die liebende Olga: *Ich habe Ihnen gestern gesagt, was ich fühle* [dass sie den Oblomov liebt], *aber was nach einem Jahre sein wird, das weiß ich nicht. Gibt es etwa nach einem Glücke ein zweites und dann ein drittes ebensolches?* [der geliebte Ilja Iljitsch Oblomov antwortet:] *Nein, man liebt nur einmal!, sagte er wie ein Schüler, der einen auswendig gelernten Satz hersagt.* Natürlich macht die Formulierung vom Schüler die Meinung des Erzählers deutlich: das sind fromme Wünsche, im *Oblomov* selbst wird das gezeigt, dass es mit der Hoffnung, eine Liebe für immer zu haben, nicht weit her ist.

Die These, es gebe nur eine Liebe, findet man freilich oft, auch bei Goethe, der doch so polyamor war. Und man findet die These von der Himmelsmacht, die es bis in die Operette geschafft hat [*Die Liebe, die Liebe ist eine Himmelsmacht und singt dann die Nachtigall...*].

Analytisch gesehen darf man eine Konfliktkonstellation diagnostizieren: auf der einen Seite die Pflicht, das *Verbrechen* der Treue [Gott, ich lese und erstarre, ich habe mich tatsächlich vertippt, Freud auf der Schulter, und es zunächst nicht bemerkt, es muss natürlich heißen: das *Versprechen*]. Die Ehe also, auch als eine Institution - wenn die Kinder weg sind – der wechselseitigen Hilfe und Pflege. Dann die Neigung, die neue Liebe, die eine Himmelsmacht ist – wie die Operette weiß: Die antike Mentalität hat die Problemlage evolutionsnäher als das Christentum stabilisiert, nicht mit dem Ketchup der Moral begossen. Wehe, wer vom Pfeil des Eros getroffen wird, vom Gift des Amor. Liebe ist für die Alten, für die Dichter, ein elementarer Affekt, der durch Moral, durch Verantwortung nur schwer zu kontrollieren ist. In *Tristan und Isolde* hat die poetische Phantasie den Liebestrank erfunden: wenn zwei ihn trinken, fahren sie so aufeinander ab, dass sie zum siamesischen Zwilling werden. Modern formuliert ist der Liebestrank, der es immerhin bis in die Oper geschafft hat, eine genetisch-hormonelle Struktur. Goethe hat sich immer wieder, frisch wie der Phoenix, der aus der Asche zu neuem Leben auffliegt, verliebt. Er hat aber nie seine jahrzehntelange Freundin und spätere Frau Christiane somatisch betrogen, vielleicht mental [indem er sich verliebte und auf andere abfuhr] – aber er hat gelitten, sehr. Sein einziger Trost war die Dichtung, er hatte das Glück, dass ein Gott ihm sagte, wie er leidet. Wenn der Mensch in seinem Schmerz verstummt, dann begann der Frankfurter zu dichten. Am schönsten im verbotenen *Tagebuch* – einem herrlichen Stanzengedicht, das Goethe selbst nie veröffentlichte, weil es zu gefährlich war, zu tabubrechend.

---

[7] Modernistisch: Archiv.

[8] Eben erscheint eine neue Übersetzung des Romans: Iwan Gontscharow: Oblomow. Aus dem Russischen von Vera Bischitzky. Carl Hanser Verlag, München; 840 Seiten; Elke Schmitter bespricht das in DER SPIEGEL 15/2012.

So geht's da: ein Reisender, voller Sehnsucht nach seiner Frau oder Geliebten, jedenfalls nach seinem Dauerpartner, hat eine Wagenpanne, einige Meilen vor dem Freude versprechenden Bett. Nun hat ein jedes Handwerk seine Murren, wie der Dichter versichert, die Kutsche ist nicht mehr am Abend reparierbar; er muss übernachten. Und um zwölf Uhr kommt, was will mann mehr, zu ihm die Bedienung, die ihm schon das Abendessen auf das Zimmer servierte. Das alles ist von Goethe mit Laune ausgeschmückt, das Mädchen wird, Gipfel Goethescher Ironie, als anständig hingestellt, dafür hat der Held am Traualtar – der lyrische Erzähler erinnert sich rückblickend– eine solche Erektion, dass der Pfarrer irritiert wird. Und das sehr attraktive junge Kind legt sich zärtlich neben ihn – er greift nach seinem Viagra, kann es aber nicht finden. Also, obwohl die Kleine mindestens so zärtlich ist wie die Lebenspartnerin, es passiert nix. Der Reisende, eine tolle Chance verpassend, kann nicht, weil, ja weil das Bild der fernen Geliebten vor seinem Auge schwebt. Er liebt, er ist [noch] verliebt und das macht ihn immun gegen jede Versuchung. Menschen, die sich in Liebesdingen auskennen, haben das selbst erfahren. Das Mädchen schläft gelangweilt und enttäuscht ein, unser Held aber steht mutig auf und beginnt zu schreiben.

> *Da kräht der Hahn. Das Mädchen schnell entwindet*
> *Der Decke sich und wirft sich rasch ins Mieder.*
> *Und da sie sich so seltsam wiederfindet,*
> *180 So stutzt sie, blickt und schlägt die Augen nieder;*
> *Und da sie ihm zum letzten Mal verschwindet,*
> *Im Auge bleiben ihm die schönen Glieder:*
> *Das Posthorn tönt, er wirft sich in den Wagen*
> *Und läßt getrost sich zu der Liebsten tragen.*

> *185 Und weil zuletzt bei jeder Dichtungsweise*
> *Moralien uns ernstlich fördern sollen,* *
> *So will auch ich in so beliebtem Gleise*
> *Euch gern bekennen, was die Verse wollen:*
> *Wir stolpern wohl auf unsrer Lebensreise,*
> *190 Und doch vermögen in der Welt, der tollen,*
> *Zwei Hebel viel aufs irdische Getriebe:*
> *Sehr viel die Pflicht, unendlich mehr die Liebe!* **

Kapiert? Das ist Goethe! Und keiner liest ihn: *Goethe, ein Komet am Himmel der Jahrhunderte*, fünf Bände, fünf Pfund von Erwin Leibfried, vom SPIEGEL weiland als das Cleverste, was da ist, zum Frankfurter bezeichnet. Jetzt als ebook im Netz.

Dichtung als Tresor [Schatzkammer]

… ist übrigens nicht ausschöpfbar.

Hierher gehört etwa noch Fausts Klage:
Er [der böse Teufel] *facht in meiner Brust ein wildes Feuer*
Nach jenem schönen Bild – nach Gretchen, nach Helena - *geschäftig an.*
So tauml ich von Begierde zu Genuss,
Und im Genuss verschmacht ich nach Begierde.

---

* Ironische Anspielung auf veraltete poetologische Positionen der Aufklärung.
** Text nach der Weimarer Ausgabe, Band 5, 2 der Abteilung I, S. 345 ff.

Der Springer, noch bevor er landet, denkt schon an den nächsten Sprung.

Und herrlich, ein Beleg, was Bildung bringt, die jeder fordert, aber keiner hat. In der schon zitierten *Miss Sara Sampson* sagt die alleinerziehende Mutter Marwood zu ihrem Liebhaber Mellefont, der sie verlassen hat u.a.:
Höre nur, mein lieber Mellefont; ich merke wohl, wie es itzt mit dir steht. Deine Begierden und dein Geschmack sind itzt deine Tyrannen. Laß es gut sein; man muß sie austoben lassen. Sich ihnen widersetzen, ist Torheit. Sie werden am sichersten eingeschläfert, und endlich gar überwunden, wenn man ihnen freies Feld läßt. Sie reiben sich selbst auf. Kannst du mir nachsagen, kleiner Flattergeist, daß ich jemals eifersüchtig gewesen wäre, wenn stärkere Reize, als die meinigen, dich mir auf eine Zeitlang abspenstig machten? Ich gönnte dir ja allezeit diese Veränderung, bei der ich immer mehr gewann, als verlor. Du kehrtest mit neuem Feuer, mit neuer Inbrunst in meine Arme zurück, in die ich dich nur als in leichte Bande, und nie als in schwere Fesseln schloß. Bin ich nicht oft selbst deine Vertraute gewesen, wenn du mir auch schon nichts zu vertrauen hattest, als die Gunstbezeigungen, die du mir entwandtest, um sie gegen andre zu verschwenden?
Marwood findet sich, obwohl die Engländer damals noch heftig über *the turks* herziehen, mit islamischen Riten ab. Der Prophet erlaubt bekanntlich seinen Söhnen – und das steht im Heiligen, nicht veränderbaren Koran – mehrere Frauen. Goethe, dieser Schuft hatte auch einmal eine solche Idee, in dem frühen Drama *Stella*. Hier fallen sich in der ersten Fassung Ehefrau und Geliebte in die Arme und dem Gatten zu Füßen; sie wollen zu Dritt glücklich werden. Allerdings hat die Frau von Stein ihn da zurechtgerückt und Goethe hat die ménage à droit, diese muslimische Lösung, revidiert. Die zweite Fassung macht aus dem Schauspiel eine Tragödie. Polygamie ist christeuropäisch nicht machbar.
Schauen wir noch einmal der Bildung wegen in Lessings Drama; die Kurtisane Maarwood belehrt den schuftigen Mellefont:
Wenn deine Hitze gegen das schöne Landmädchen noch nicht verraucht ist; wenn du noch in dem ersten Fieber deiner Liebe gegen sie bist; wenn du ihren Genuß noch nicht entbehren kannst: wer hindert dich denn, ihr so lange ergeben zu sein, als du es für gut befindest? Mußt du deswegen so unbesonnene Anschläge machen, und mit ihr aus dem Reiche fliehen wollen?
Und der Hund liebestolle Mellefont antwortet: *Marwood, Sie reden vollkommen Ihrem Charakter gemäß, dessen Häßlichkeit ich nie so gekannt habe, als seit dem ich, in dem Umgange mit einer tugendhaften Freundin, die Liebe von der Wollust unterscheiden gelernt.*
Und Marwood weiter. *Ei sieh doch! Deine neue Gebieterin ist also wohl gar ein Mädchen von schönen sittlichen Empfindungen? Ihr Mannspersonen müßt doch selbst nicht wissen, was ihr wollt. Bald sind es die schlüpfrigsten Reden, die buhlerhaftesten Scherze, die euch an uns gefallen; und bald entzücken wir euch, wenn wir nichts als Tugend reden, und alle sieben Weisen auf unserer Zunge zu haben scheinen. Das schlimmste aber ist, daß ihr das eine so wohl als das andre überdrüssig werdet. Wir mögen närrisch oder vernünftig, weltlich oder geistlich gesinnet sein: wir verlieren unsere Mühe, euch beständig zu machen, einmal wie das andre.*
Du wirst an deine schöne Heilige die Reihe Zeit genug kommen lassen. Soll ich wohl einen kleinen Überschlag machen? Nun eben bist du im heftigsten Paroxysmo [Fieberanfall] *mit ihr: und diesem geb' ich noch zwei, aufs längste drei Tage. Hierauf wird eine ziemlich geruhige Liebe folgen: der geb' ich acht Tage. Die andern acht Tage wirst du nur gelegentlich an diese Liebe denken. Die dritten wirst du dich daran erinnern lassen: und wann du dieses Erinnern satt hast, so wirst du dich zu der äußersten Gleichgültigkeit so schnell gebracht sehen, daß ich kaum die vierten acht Tage auf diese letzte Veränderung rechnen darf – Das wäre nun ungefähr ein Monat. Und diesen Monat, Mellefont, will ich dir*

14

noch mit dem größten Vergnügen nachsehen; nur wirst du erlauben, daß ich dich nicht aus dem Gesichte verlieren darf.
Und die Marwood nochmals: *Es ist unglaublich, daß sich eine Liebe, welche länger als zehn Jahr gedauert hat, so geschwind verlieren könne. Sie kann zwar eine kurze Verfinsterung leiden; weiter aber auch nichts, als eine kurze Verfinsterung, aus welcher sie hernach mit neuem Glanze wieder hervor bricht.*

Eine ontologische Figur

Indes trifft Wetz mir der Treue-Seitensprung-Konstellation eine ontologische Figur, die zentral und basal ist, also ruhig, Philosophie ist kein Geschwafel in den Wolken. Das Beispiel ist das Auslegerboot der Polynesier; damit beherrschen sie schwierigste seemännische Situationen. Der dicke Einbaum ist die Treue in der festen Partnerschaft, früher vulgo Ehe, der Ausleger ist der Seitensprung. Er stabilisiert den Einbaum, übrigens ganz wie der Mond bekanntlich, der Seitensprung, die sonst hippelige Erde zu ihrem langweiligen Lauf stabilisiert [Näheres hierzu habe ich in den schon oben genannten *Feministischen Verirrungen* ausgeführt; vorab mögen Sie eine Muggiebude des Denkens besuchen. *Deutsche Lektionen. Lesebuch-Texte für alle, die's wissen wollen, tacheles getaktet,* als ebook im Netz].

Strukturhomologie

Es gibt Ereignisse auf dieser Welt, die im Bauplan gleich sind:
- Schwangerschaftsabbruch,
- Seitensprung [der Springer hat sein Latein vergessen: pacta sunt servanda, Absprachen müssen eingehalten werden],
- Homosexualität.
- Alle drei sind nicht vergleichbar und doch gleich. So:

Alle drei sind mit einer harten Moral nicht zu machen, d.h. wie man auch sagt, gesinnungsethisch, aber mit einer weichen Moral, man sagt verantwortungsethisch, werden sie durchgewunken, sind sie duldbar, erlaubt und zwar – und jetzt kommt's: *um der allgemeinen menschlichen Gebrechlichkeit willen.* Mein ist die Rache spricht der Herr. Und an vielen anderen Stellen behält sich die letzte Instanz das letzte Urteil vor.
Wer das nicht versteht, möge beten.

Hormonelle Marionetten oder autonome Subjekte

Eine Henne wird zur Glucke, wenn sie ein Eiergelege sieht. Das löst einen Instinkt aus; sie ist dann bereit, durch hormonelle Vorgänge in ihrem Hirn bestimmt, wochenlang die Eier auszubrüten. Das ist ein Vorgang im Tierreich. Bei Menschen ist es genau so und doch anders. Ein Ich sieht ein Du, es funkt, er und sie fahren wechselseitig aufeinander ab, es knackt, Liebe prima vista, Hormongewitter im Hirn, Neurotransmitter. Neurologen bewähren sich hier als Klugscheißer, die nicht wirklich etwas erklären. Es bleibt nämlich unklar, wie viel Spieler es gibt, ob neben dem chemischen ein seelischer mitmischt, etwa gar die quasi unsichtbaren Strippen der chemischen Marionette zieht. Wetz redet mutig von *chemischen Reaktionen des Körpers* [14], *hormonellen Ausschüttungen* [23]. Wer der wirkliche Spielmacher ist, ob die Chemie, die Hormone, die Transmitter etc. ist z.Zt. – beim gegenwärtigen Stand von Wissenschaft und Reflexion – noch nicht ausgemacht.

Wetz wetzt hier in die Falle der modischen Mainstream Medien-Meinungs-Mafia: Sex als Fitness-Programm, als Körpertraining. Wobei bekanntlich, worauf Wetz nicht eingeht, in dieser Gesellschaft des Globoturbokapitalismus immer mehr Männchen impotent sind und Weibchen frigide. Wetz weiß das auch: *Der Kräfte verschleißende Lebenskampf verhindert die Entstehung sexueller Antriebsüberschüsse* [52], ein nett formulierter Hinweis auf die Perversionen der heutigen Arbeitswelt.

Seitensprung und Alphabetisierung

Wetz hat übrigens zwei Themen in diesem Buch, das eine ist
- eine Theorie des Seitensprungs, das andere die dazu passende
- Praxis der erotischen Alphabetisierung der rückständigen bundesrepublikanischen Bevölkerung.

Wetz diagnostiziert für den guten Deutschen einen *erotischen Analphabetismus,* also nötig sind Schulungskurse in fortgeschrittenem Sex und fortgeschrittener Erotik, der Seitensprung ist ein Elixier des Lebens, ein Jungbrunnen für müde Menschen. *Es ist Zeit für eine neue Sexualkultur* [132]. Es geht um gehobene, verfeinerte, raffinierte Techniken. Quickies, rein, raus, aus, findet man auf Wetzens Tankstelle nicht. Vielmehr plädiert er für eine Coitus-Kultur, die auf dem Niveau unserer entwickelten Zivilisation angesiedelt ist.

Wetz pauschalisiert; sein Sex-Gourmet ist ein fiktives Konstrukt, allenfalls zu 10% realexistierend und dann noch oft im Dschungelcamp. Wetz hat aber immer, wenn er seziert, ein scharf gewetztes Messer, das haarscharf schneidet.

Folgen einer Seitensprungkultur

Der Seitenspringer folgt dem Versprechen neuen, schnellen Glücks ohne Verantwortung, eines Glücks, das oft und bald im Unglück endet. So, wie aus der Hoffnung auf ein Abenteuer oft nur ein teurer Abend wird [besonders heute bei den Internet-Bekanntschaften, wo man leicht mal 300 km fährt, einfache Strecke, um die Süße zu sehen und zu spät bemerkt, dass man sein Viagra vergessen hat; das sind arme Menschen, die mit dem Internet versuchen, für's Wochenende einen Partner zu finden und zum Wochenbeginn dann enttäuscht im Gelände stehen].

Man braucht wenig Phantasie, um etwa diese Folgekosten einer offiziell abgesegneten Kultur des Seitensprungs zu erkennen:
- vermehrte Geschlechtskrankheiten, bis hin zu HIV,
- viele Kinder werden Papa sagen, aber nicht zu ihrem biologischen Vater. 10% sollen es heute schon sein, Kuckuckseierkinder der Lebenswelt,
- Kränkungen häufen sich, wenn die aushäusige Horizontalturnerei des Partners bekannt wird,
- Trennungen, wenn der gehörnte Partner ömerig ist und eine liberale, freie Sexpraxis nicht aushält, werden häufiger. Wetz sieht das ruhig: *Jedenfalls zeugt eine Trennung läppischer Abenteuer wegen von einer gewissen infantilen Unreife* [83].
- Müdigkeit am Arbeitsplatz,
- usw. etc.,
- der betrogene, aber wissende Partner kann Ängste entwickeln vor einem Danaer-Geschenk [timeo Danaos et dona ferentes]. Der Partner kommt nämlich nicht allein nach Haus, er bringt ungewollte, ungebetene Gäste mit, bakterielle, viruelle. So ist der

gemeinsame Besuch der Partner beim Arzt für Geschlechtskrankheiten auf der Agenda. Oder sind das nur Zwischenrufe eines neidischen, betrogenen Partners, einer spaßverderbenden Bedenkenträgerin?

Wetz schreibt dem Seitensprung ein Attest, das ihm moralische Straffreiheit zusichert; das kann aber Risiken nicht verhindern und Kollateralschäden nicht abwenden. Der Sprung geht ins Ungewisse, die Landung kann hart sein, z.b. wenn der Springer missbraucht wird, weil sie ein Kind will und einen Vater sucht, aber auf Dauer keinen will. Es gibt zwischenzeitlich viele Männer-Memoiren mit dem Kapitel-Titel: *wie ich einmal hereingelegt und durch einen Gentest geoutet wurde* [schon dem gutmütigen Simplizius bei Grimmelshausen ging das so, dem von der schlampigen Courasche ☹ so übel mitgespielt wurde].

Eine Rating-Agentur für Werte wird den Seitensprung
- als moralische Verfehlung verwerfen,
- als juristische Verfehlung werten; es wird ein Vertrag gebrochen, ein Versprechen. Allerdings ist diese juristische Verfehlung, Ehebruch, heute nicht mehr strafbewehrt, es gibt in dieser Dimension einen Freibrief für Freigänger,
- psychotherapeutisch kann, in verantwortungsethischer Sicht, also bei einer liberalen Betrachtung, Absolution erteilt werden.
- Und zwar durch eine Güterabwägung: wenn der Papa grantig ist, die Kinder prügelt und die Mama bös anguckt, dann mag es gut sein, vertretbar, wenn Mutter ihm 50 Dollar gibt, für einen Besuch in der Rotlichtzone; der Hausfrieden ist der höhere Wert und der Papa hat noch Spaß gehabt.

Alternative Modelle

Hören wir vorab des Dichters Wort.

Vergebens werden ungebundne Geister
Nach der Vollendung reiner Höhe streben.
Wer Großes will, muss sich zusammenraffen.
In der Beschränkung zeigt sich erst der Meister,
Und das Gesetz nur kann uns Freiheit geben.

Das ist, von wem schon, Goethe, der selbst immer nach der Ausschweifung schielte und vielleicht nur durch Alkohol und gutes Essen das wilde Tier in seiner Brust bändigen konnte, ein Tier, von dem der romantische Dichter Eichendorff, er ist der beste aller Romantiker, die wir haben, am Schluss seiner Novelle von dem herrlichen Schloss Durande, das nur noch eine Ruine ist, dem Leser sagt: Du aber hüte dich, das wilde Tier in deiner Brust ausbrechen zu lassen; es wird dich selbst fressen.

Das wilde Tier erinnert an Platon, der die Seele des Menschen mit einem Pferdegespann verglich: der Wagenlenker ist die Vernunft, dann gibt es ein gutes und ein wildes Pferd. Sigmund Freud gehört hierher, der bekanntlich versicherte: Das Ich ist nicht Herr im eignen Haus und der die Hoffnung hatte, dass, wo ES ist ICH wird. Das alles weiß Wetz, der drauf hinweist, dass der Wiener Sexualität zu den *gefährlichsten Betätigungen des Menschen* zählt [151].

Natürlich kann man an die Alten erinnern, an deren ataraxia, Gemütsruhe, an Buddha, der all diese Emotionen kappen will, an Schopenhauer usw.

Wetz ist schon immer um die nächste Ecke gewetzt, wenn man ihn ein- oder gar überholen will. Wer ihm etwas zeigen will, muss früh aufstehen; selbstredend kennt er das Ganze ganz. *Ohne Beschränkung der erotischen Lebensgestaltung würde sich das sinnliche Verlangen zu einer Bedrohung für den Einzelnen wie für die öffentliche Ordnung auswachsen* [9]. So redet auch der Pfarrer am Sonntag, aber Wetz glaubt nicht daran, die *aggressiven Instinkte* [74] auf Dauer dressieren zu können; das Tier bleibt unbezähmbar wild, allenfalls können Alter und Krankheit hier eine sittigende Funktion ausüben. In den besten Mannes- und [Frauen-?]Jahren braucht man V*entile zur Spannungsabfuhr* [24, 72, 85: *Ventilsitten*]. *Es gibt in uns Menschen eine verstörende Lust an Grenzüberschreitungen* [23]. Ab und an wird das Ställchen aufgemacht, das wilde Tier hat Freigang und der Papa besucht die Rotlichtzone. Das dient der *Abfuhr angestauter Triebenergien* [72], auch auf *Schleichwegen* [9]. Freud hatte da mentale Exerzitien empfohlen, Sublimation als Basis aller geistigen Kreativität. Wetz sieht, dass *die bürgerlichen Institutionen und Konventionen den Menschen in ein zahmes Haustier verwandeln* [21]. *Erziehungs- und Dressurmaßnahmen* lassen keinen Raum mehr für *das Rohe und Wilde* [26]. *Die bürgerliche Gesellschaft huldigt der maßvollen Mitte* – wie schon Aristoteles und das ritterliche Tugendsystem des Mittelalters. *Der Mensch kann nur überleben, wenn er außer der übermächtigen Welt auch die eigene Natur teilweise negiert: sich erzieht, bildet und sich weigert, seinem animalischen Drängen nach exzessiver Entgrenzung freien Lauf zu lassen. Darum schmiedet sein ruheloses Verlangen nach der vollen Intensität des Lebens die Kette von Ordnung, Maß und Grenze. Er sperrt seine inneren Bestien gleichsam hinter Gitter* [22]. Mit diesen Sätzen hat Wetz das Sicherungsventil eingebaut: er weist ja auch hin auf das, was prekär ist. Diesmal aber stellt er das zurück und behandelt nur die andere Seite.

Übrigens unterliegt er dabei einer naiven Wissenschaftsgläubigkeit. Der neueste Stand der Forschung ist ihm Maß. Für mich ist dies nur das, was morgen schon veraltet ist. Was die Neuro- und Evolutionsbiologen sagen, ist ihm Maß und Muster; so: er übernimmt von diesen phantasiereichen Menschen die Erklärung der herrlichen Pfauenfeder-Räder, die nutzlos scheinen, gar hinderlich, wie die Hirschgeweihe, die nur gemacht scheinen, damit Jagdfreunde sie als Trophäe aufhängen können; auch Fasanen und Paradiesvögel gehören hierher, die Mähne des Löwen, die arme Löwin sieht ihm gegenüber grau aus.

Das seien Zielchen, dass man sich verschwenderischen Luxus leisten könne. Cocolores, das ist eine anthropomorphe Deutung, die durch viele andere ersetzt werden kann, die aber bei den Evolutionsbiologen Standard ist. Eine von deren Heiligen Kühen sind die Elephanten, die am Grab ihrer Verstorbenen trauern [vgl. meine Rezension zu Darwin in wla-online.de 1, 2009]. Oh, ihr hirnverbrannten Ochsen, ihr macht aus einer Visualität eine Kausalität. Das sind rhetorisch aufgemotzte Sprachspiele, die durch andere ersetzbar sind. Die Pfauenfedern sind – das muss klar und expressis verbis gesagt werden – so wie die Seele des Menschen evolutionstheoretisch nicht erklärbar. Das ist ein blinder Fleck in dieser sog. Theorie, die ganz unberechtigt einen Universalitätsanspruch anmeldet, ein Fleck, der durch Rhetorik nicht verdeckt werden kann. Das ist logisch eine metabasis eis allo genos, also ein Seitensprung.

Wenn; dann so. der Pfau; der Löwe ist ein Louis XIV., ein roi soleil, er demonstriert sich aufblasend Macht, Herrschaft.

Man kann sagen, wenn man gebildet ist und auf den ganzen Wetz schaut, wie er in diesem Buch vorliegt: Der Autor wechselt sein Maskottchen. Apoll, der Gott der klaren Vernunft, wird ersetzt durch dessen Bruder Dionysos, den Gott des Weins und der rauschhaften anarchischen Exzesse.

Ich breche ab. *Nächstens mehr.*

P.S.: Wetz, so liest man in der Presse, mache sich Sorgen um die Nichtnotwendigkeit von Religion in dieser modernen Welt. Er dächte besser nach über die Frage: welche Werte wann?

Verkehrte Welt. Eine Nachbemerkung

simul iustus et peccator
[zugleich gerecht und sündig]
Martin Luther in der Römerbriefvorlesung von 1514/15

Zeitalter der vollendeten Sündhaftigkeit

Der Philosoph Fichte wußte, daß er in einem *Zeitalter der vollendeten Sündhaftigkeit* lebt. Mit dieser Diagnose stand er um 1800 in Deutschland nicht allein. Zugleich greift er ein universelles Motiv auf; auch die Propheten des Alten Testaments sehen ihre Klientel ein Leben in der Gottesferne führen, ein falsches Leben. Platon hat mit seinem Konstrukt des μη ον [me on], des Nicht-Seienden, das alle sublunare Welt bestimme, dies durchaus mitgemeint: in der Vergänglichkeit der erlebten Wirklichkeit wird die allgemeine Gebrechlichkeit erfahren, die dann auch Ver-brechlichkeit ist. Adorno als heimlicher Platoniker steht hier neben dem Griechen: wenn das Ganze der Wirklichkeit das Unwahre ist, das nicht mehr die Gegensätze versöhnen kann, dann ist ein richtiges Leben zu führen in der falschen verkehrten Welt nicht möglich.

Von Fichtes Zeitgenossen hatte besonders auch der Jenaer Universitätskollege Schiller das Thema aufgegriffen. In seiner ästhetischen Reflexion *über naive und sentimentalische Dichtung* beschwört er *das schmerzliche Verlangen nach der* [wahren und richtigen] *Natur*, die in den *Drangsalen der Kultur* untergeht [Sigmund Freud wird diese Drangsale beschreiben; sie lösen ein *Unbehagen in der Kultur* aus]. Schiller notiert: *Solange wir bloße Naturkinder waren, waren wir glücklich und vollkommen* [Rousseau sieht das ebenso]*; wir sind frey geworden, und haben beydes verloren. Daraus entspringt eine doppelte und sehr ungleiche Sehnsucht nach der Natur; eine Sehnsucht nach ihrer Glückseligkeit, eine Sehnsucht nach ihrer Vollkommenheit. Den Verlust der ersten beklagt nur der sinnliche Mensch; um den Verlust der andern kann nur der moralische trauern.* Wir sind aus Arcadien vertrieben und leben in einer unheilen Welt. *Daher kommt es, daß die Natur bey uns aus der Menschheit verschwunden ist* [Menschheit gebraucht Schiller in dem doppelten Sinn von *Wesen des Menschen* und *Gesamtheit aller Menschen*]*, die Naturwidrigkeit unsrer Verhältnisse, Zustände und Sitten* ist nicht zu leugnen. Wir haben auf dem langen Weg der Evolution die Vernunft gefunden, entfaltet, aber wir gebrauchen sie nur, *um tierischer als jedes Tier zu sein* (Goethes Faust).

Eine Hilfe findet sich bei Schiller *nicht in dem natürlichen Charakter des Menschen, der, selbstsüchtig und gewaltthätig, vielmehr auf Zerstörung als auf Erhaltung der Gesellschaft zielt* [Kant spricht zeitgleich vom radikal Bösen im Menschen]*; sie findet sich eben so wenig in seinem sittlichen Charakter, der, nach der Voraussetzung, erst gebildet werden soll*, Nutzen heißt heute Steigerung des Bruttosozialprodukts, z.B. durch unfallverursachte Autoreparaturen.

Es gilt durchgehend: *Der Nutzen ist das große Idol der Zeit, dem alle Kräfte frohnen und alle Talente huldigen sollen.* Wir sehen das täglich im Wirtschaftsteil der Zeitungen.

Diagnostische Sätze des Klassikers: *In den niedern und zahlreichern Klassen stellen sich uns rohe gesetzlose Triebe dar, die sich nach aufgelöstem Band der bürgerlichen Ordnung entfesseln, und mit unlenksamer Wuth zu ihrer thierischen Befriedigung eilen.*

Zivilisation und Barbarei

Dann: *Auf der andern Seite geben uns die civilisirten Klassen den noch widrigern Anblick der Schlaffheit und einer Depravation* [Verderbnis, ursprünglich gebraucht für Münzen mit falschem Metallgehalt] *des Charakters, die desto mehr empört, weil die Kultur selbst ihre Quelle ist. Ich erinnere mich nicht mehr, welcher alte oder neue Philosoph die Bemerkung machte, daß das edlere in seiner Zerstörung das abscheulichere sey, aber man wird sie auch im moralischen wahr finden. Aus dem Natur-Sohne wird, wenn er ausschweift, ein Rasender; aus dem Zögling der Kunst ein Nichtswürdiger. Die Aufklärung des Verstandes, deren sich die verfeinerten Stände nicht ganz mit Unrecht rühmen, zeigt im Ganzen so wenig einen veredelnden Einfluß auf die Gesinnungen, daß sie vielmehr die Verderbniß durch Maximen befestigt.*

Denn woher kommt diese noch so allgemeine Herrschaft der Vorurtheile und diese Verfinsterung der Köpfe bey allem Licht, das Philosophie und Erfahrung aufsteckten? Das Zeitalter ist aufgeklärt, das heißt die Kenntnisse sind gefunden und öffentlich preisgegeben, welche hinreichen würden, wenigstens unsre praktischen Grundsätze zu berichtigen. Der Geist der freyen Untersuchung hat die Wahnbegriffe zerstreut, welche lange Zeit den Zugang zu der Wahrheit verwehrten, und den Grund unterwühlt, auf welchem Fanatismus und Betrug ihren Thron erbauten. Die Vernunft hat sich von den Täuschungen der Sinne und von einer betrüglichen Sophistik gereinigt, und die Philosophie selbst, welche uns zuerst von ihr abtrünnig machte, ruft uns laut und dringend in den Schooß der Natur zurück — woran liegt es, daß wir noch immer Barbaren sind?

Tja, es liegt am Menschen. Schiller, mit den besten Köpfen seiner Zeit, Lessing, Herder, Goethe, Wilhelm von Humboldt, glaubte (noch) an die *Erziehung des Menschengeschlechtes* [Lessing], an die *Veredlung* [Schiller], an die Verwirklichung ethisch-praktisch wirksamer, humaner *Bildung* [Goethe, Humboldt]. Der Marbacher will hierfür die Kunst funktionalisieren. Seit seiner Mannheimer Schaubühnen-Rede wird ihre Aufgabe in einer **Humanisierung des Menschen** gesehen. Die Aufgabe besteht weiter fort; ihre Verwirklichung scheint ferne wie schon immer, mit dem Pisa-Button am Revers wissen wir schon gar nicht mehr, was Bildung wäre.

Warum Denken traurig macht

Der berühmte Literatur- und Kulturwissenschaftler George Steiner legt bei Suhrkamp zehn Gründe vor, warum denken traurig macht.[9]
Spontan will man vehement widersprechen: denken macht nicht traurig, das Gegenteil: heiter. Adorno hat betont, das Glück sublunar Lebender sei die Theorie, so also auch die denkende Anstrengung. Und schon die alten Griechen, die doch auch pessimistisch waren, empfanden die Schau des Kosmos als Glück. Denken lässt, wie ein Marathonlauf, wie Trekking im Himalaya Endomorphine entstehen, Glückshormone, Glücklichmacher. *Le corps fabrique des endorphines (endomorphines) pour compenser la douleur, d'où effet euphorisant.* [Der Körper produziert Endorphine, um dem Schmerz gegenzusteuern zu einer euphorisierenden Wirkung.]

---

[9] **George Steiner, Warum denken traurig macht.** zehn (mögliche) Gründe. Aus dem Engl. von Nicolaus Bornhorn. Mit einem Nachw. von Durs Grünbein. - 1. Aufl.. - Frankfurt am Main : Suhrkamp, 2006. - 89 S.; ISBN 978-3-518-41841-3

21

Was also meint George Steiner und inwiefern hat er recht? Vorab: es gibt, wie schon vier Mal in diesem ebook angeführt – aber Richtiges kann man nicht oft genug sagen - zwei Sorten von Menschen, Optimisten und Pessimisten: die ersten werden im Leben und im Denken glücklich, die andern grausen sich und verfinstern ihren Blick. Sie flüchten aus Kölle, wenn Carneval ist. Alle Steinersche Traurigkeitsgründe hat der preußische Junker zusammengefasst, Heinrich von Kleist: es ist die allgemeine menschliche Gebrechlichkeit, die Trauer über die Vergängnis, Krankheit, Alter, Tod. So nennt etwa auch die Literaturwissenschaftlerin Elisabeth Bronfen die Sterblichkeit die größte Kränkung des Menschen [größer als die durch die sonst genannten üblichen Verdächtigen hervorgerufene: Kopernikus, Darwin, Freud].

Steiner blättert die Kleistsche allgemeine Gebrechlichkeit auf, er differenziert aus: er nennt als Gründe für Traurigkeit, Schwermut, Melancholie, tristitia, tristesse, Betrübnis,
- dass es keine evidente, absolute Wahrheit gibt, keine Antworten auf wesentliche Fragen [gibt es Gott? Was ist nach dem Tod? etc.],
- dass Denken chaotisch ist, das Ich nicht Herr seiner Gedanken, dass Abstruses auftaucht und abgewehrt werden muß.
- Das persönliche, individuelle Denken ist abgenutzt, es ist allgemein, immer schon dagewesen. Was wir privat wähnen, ist doch bei allen da. Ben Akiba winkt von weitem!
- Eine immer vieldeutige Sprache werkelt sich müde an der doch erwarteten monochromen Wahrheit. Unsere (Er-)Kenntnisse sind und bleiben unvollkommen. Hugo von Hofmannsthal hatte diese allgemeine Verstimmung über die schwachen Leistungen der Sprache in einem Brief an Lord Chandos artikuliert.
- Gute Ideen, die es da und dort gibt, gehen verloren, noch bevor sie festgehalten oder weitergegeben werden können.
- Zwischen dem Denken und seiner Verwirklichung gibt es viel misslingende Beziehungen, mehr jedenfalls als gewünscht sind. Scheiternde Hoffnung ist überall, Schiller hatte diese Lebensgrundstimmung in seinem Drama von den Räubern poetisch formatiert.
- Ein Schleier der Schwermut liegt über allem, weil das Denken mehr ver- denn enthüllt.
- Es gibt keine je ganz gelingende Einfühlung in den Andern, es gibt nur scheiternde Intersubjektivität. „Noch die einander nächststehenden, aufrichtigsten Menschen bleiben Fremde füreinander [...]".
- Die große Differenz zwischen dem Genie und der Normalität irritiert. Heidegger hatte gesagt, dass **die Menschheit als ganze die Vorgeschichte des Denkens noch nicht verlassen** habe.
- Wissenschaft kann auf die substantiellen Fragen, das hatte Wittgenstein schon betont, keine Antworten geben. Das richtet sich gegen aktuelle bestseller-Autoren wie Richard Dawking, vgl. oben in diesem Band.

Nebenbei findet man auch solche Sätze bei Steiner: „Kinder vom Auswendiglernen abzuhalten lähmt, vielleicht auf Dauer, die Muskeln ihres Geistes." Es besteht Hoffnung, dass deutschen Didaktikern das zwischenzeitlich auch schon dunkel dämmert. Und, was auch Basiswissen anthropologischer Reflexion ist, „es gibt keinen pädagogischen Schlüssel zum Kreativen".

Eine Welt kontroverser Positionen

Wir müssen davon ausgehen, weiterhin in einer Welt kontroverser Positionen zu leben; die Wahlkämpfe, besonders etwa in den Vereinigten Staaten, können das jeweils zeigen, was das politisch heißt. Dabei können diese Positionen völlig inhaltsleer sein.
Die kontroversen Positionen sind Folge wirtschaftlicher Interessen, Besitzende und weniger Besitzende blicken sich bös an. Dabei kann es auch noch, wie wohl öfter in Afrika, um Land gehen, um Weidepläze, um Vieh, jedenfalls um das, was für die Subsistenzsicherung nötig ist [scheint]. Zentral, basal aber sind immer wirtschaftliche, ökonomische Interessen, die sich bekämpfen. Wie schon meine Bibeltante sagte[10], die nicht studieren konnte, als Frau, damals in Deutschland: alle Kriege sind Wirtschaftskriege.

Amerika verdient an den Kriegen, die es führt

Wenn der Afghanistan-Krieg der Irak-Krieg usw. viele Hunderte Milliarden von Dollar kostet, dann bleiben davon einige Hundert Milliarden in Amerika hängen; als Lohn bei den Arbeitern, Ingenieuren, die Waffen produzieren und als Profite bei den Besitzern der Fabriken. Jeder Heli, den die Taliban abschießen, bedeutet Umsatz, bedeutet Profit, es klingelt in amerikanischen Portemonnaies.

Konflikte können freilich auch Ausdruck weltanschaulicher Differenzen sein, etwa heute im islamischen Raum, wo dogmatisch Gläubige auf modern programmierte Bevölkerungsteile stoßen. Mittelater trrifft auf Moderne, etwa heute in Ägypten und anderswo.
Lösungen für diese Situationen sind vielfältig vorbuchstabiert; sie mögen in der Theorie richtig sein, taugen aber nichts für die Praxis [Achtung! Ein Zitat] – beim gegenwärtigen Stand der mentalen Evolution des Menschen.

Die Vernunft selbst ist noch nicht dort, wo man sie sich wünscht. Das zeigt im Moment, im Februar 2012, deutlich die Haltung von Russland und China im Blick auf Syrien. Gewalt gilt weithin noch als legitimes Mittel der Konfliktlösung; so hat der Gebrauch von Gewalt bei [islamischen] Salafisten wohl eine als evident erfahrene Berechtigung, wenn es um Glaubensfragen geht. Fast wie beim Katholizismus in früheren Jahren. Sie glauben, auf dem richtigen Dampfer zu sitzen. Auch ein Gefühl der Evidenz hat der Mathematiker, der von der Gültigkeit eines evtl. hochkomplexen Beweises überzeugt ist. Und ein Gefühl der Evidenz hat der Feminismus, Freiheit, Gleichheit für seine Schwestern erkämpfen zu müssen, Schwangerschaften unterbrechen zu dürfen etc.[11] Orthodoxe, wörtlich: rechtgläubige, [jüdische, islamische, christliche, buddhistische] Menschen, ja, es sind Menschen, auch wenn sie im Dunklen herumirren, erleben ihre Positionen mit evidenter Gewissheit.
Hier auf diesem **Feld der gefühlten dogmatischen Gewissheiten und Evidenzen** müssen wir ganz auf die Neurobiologie vertrauen; *Erziehung des Menschengeschlechts* kann kaum mehr Akzeptanz erwarten; seit Olims Zeiten[12] hat sie versagt. Der Mensch ist Tier geblieben. Nur ein Fortschritt der Forschung kann uns hier weiterhelfen. Und wir brauchen qualitative Entwicklungen in der Evolution. Was im Moment als *Menschenmaterial* [ein übel von den Nazis gebrauchtes Wort] da ist, lässt alle Hoffnung sinken[13]. Die Evolution hat uns von instinktgesicherten, tierischen Vorformen zu Wesen mit Bewusstsein, Geist, Seele, Verstand, Vernunft, Wissenschaft und Moral entwickelt – Tiere, Nicht-

---

[10] Vgl. Band 1 meiner Bibel-Darstellung, dort wird meine Tante vorgestellt.
[11] Vgl. dazu: Erwin Leibfried, Femistische Verirrungen, Verwirrungen. Eine Klarstellung. Alice Schwarzer zum 70. Geburtstag freundlich zugeeignet, jetzt als ebook.
[12] Scherzhaft für *schon immer*, nach lateinisch *olim*, früher, ehemals.
[13] Ein Beispiel für den gegenwärtigen Stand der menschlichen Entwicklung ist etwa Griechenland: dort betrügt ein ganzes Volk seinen eigenen Staat und der Staat belügt die Staaten. Wie der Herr so's Gescherr.

Menschen haben all das nicht. Unsere technische Zivilisation braucht eine mentale Kultur. Wir sind weiterhin, mit Schiller, Barbaren, theologisch formuliert: Sünder[14].

---

[14] Dazu lese man: Πλούταρχος, βίοι παράλληλοι, [Plutarchos, *bíoi parálleloi*], lateinisch: *Plutarchus,* Parallele Lebensbeschreibungen, früher bei dtv.

Hinweis auf eine Neuerscheinung

Endlich …

die *Deutschen Lektionen. Lesebuchtexte für alle, die es wissen wollen, tacheles getaktet* stehen online als ebook im Netz!
Wahnsinn.

Ein vom Lesen völlig verwirrter Testleser notiert in seinem geheimen Tagebuch:

Ein Glück, das einem Menschen selten sublunar zuteil wird. Die *Deutschen Lektionen* sind greifbar, lesbar! Mehr als der Wächter aufs Morgenrot* hat die Nation auf diese Produktion gewartet. Nun kann sich jeder diesen Lesespaß leisten, man sieht nach der Lektüre klarer in diese so gebrechlich eingerichtete Welt, auf der wir doch alle nur zu Gast sind.

Kaum ein brennendes Tagesthema, das hier nicht, ein für allemal und endgültig, behandelt wird. Ein Befreiungsschlag, der dunkle rhetorische Wolken von Berufsrednern, Schwätzern zerstreut. Endlich die Wahrheit in zentralen Fragen, auf die man gewartet hat.

Das sind Lesebuch-Texte, die tacheles getaktet das formulieren, was die Andern monoperspektivenbestimmt nicht sehen oder verdecken und vertuschen.
Ein Ereignis!
Ein Datum für das nicht nur deutsche Denken!
Wer da hineinschaut, erlebt hautnah: dass es doch und noch und wieder Wunder und Weihen [G. Benn] gibt! Dieser Text wurde nicht geschrieben, er wurde offenbart!

Das ebook des Jahres [was, des Jahrzehnts]!

Fußnote eines Testlesers:

- Ich habe nicht erkannt, dass das ein Zitat ist und weiß auch nicht, wie es weitergeht.